AF279700

MOTHER BANG

MARÍA RAMOS GALLARDO

MOTHER BANG

EXLIBRIC

ANTEQUERA 2025

MARÍA RAMOS GALLARDO

MOTHER BANG

Prólogo

La trayectoria poética de María Ramos aborda desde el principio las complejidades del amor, el dolor y la auto-afirmación. Siempre examinando las dificultades de amar y ser amado, María desafía a lo largo de toda su obra ideas preconcebidas sobre el amor romántico y, con frecuencia, desenmascara dinámicas de dominación y falseamiento del hecho amoroso, para rebelarse en tono de protesta airada en contra de los códigos del sentimentalismo.

Su estilo, que en ocasiones la aproxima al lenguaje del *rock* o al mundo *beat* (a lo contracultural, en definitiva), se caracteriza por un lenguaje directo que, a veces, se torna intrincado, utilizando imágenes poderosas y preguntas reflexivas para explorar la intimidad humana. Su poesía muestra una actitud profundamente femenina de defensa personal, sugiriendo una fuerza interior que surge del dolor y las experiencias vividas, ofreciendo a los lectores un camino personalísimo de búsqueda y autoconocimiento.

La obra de María Ramos va de *Verso y reverso de amor* a poemarios como *Del tango al blues (y vuelta al sur), Stoner, Del metal al caos (Aleación III), y Des-mito, ego te absolvo*, del que tuve el placer de ser editor. En *Metalingüística en vena*, la autora exploró la relación entre cultura y lenguaje, demostrando su versatilidad temática.

En esa misma línea, dando una nueva vuelta de tuerca, en este poemario, titulado *Mother Bang*, María continúa con su interminable labor de desenmascaramiento de toda una serie de códigos escleróticos desde una disidencia con la que «reventar las prudentes normativas» que ahora la aproxima a la mitología clásica, de la que hace, como siempre, una revisión crítica para rebelarse contra todas las premeditaciones de la conciencia en la búsqueda de un Edén panteísta «sin cuadrantes para el infinito», en sus propias palabras.

María hace ahora una reivindicación de la singularidad (otra más) que se alza ante todo contra el aprovechamiento personal y comercial de los propios sentimientos, contra los signos vacíos de la promiscua superficialidad en que nos prodigamos y contra sus coartadas, en busca de la autenticidad. Pero esa tarea titánica (no lo ignora, ni mucho menos) la deja sola.

La escritora deviene así una especie de Alicia expulsada de un país de las maravillas en el que ya no cree, que no le sirve y que siente como una carga que no está dispuesta a llevar sobre los hombros.

He aquí su testimonio.

José Manuel Bielsa-Gibaja
Málaga, 20 de marzo de 2025

GÉNESIS

1

El principio fue hembra,
una exuberante y explosiva sacudida
que aún dispersa muerte y vida.

Desprendeos del tul negro
que sujetan las leyendas,
de la invidencia interna,
cáncer *in corpore sanctum.*

Caos y amor te definen
como mareas que fluctúan lunáticas,
siendo origen del infinito.

Ignora los masculinos faldones
que prenden hogueras
y someten a barrotes tu lengua.

Fuego primigenio, fortaleza,
árbol madre de todos los bosques,
creadora neuronal de raíces
como enjambre nebuloso,
red de redes del cosmos.

2

Un parto te expulsa
al juicio sensorial
en el origen de tu llanto,
más grito *a priori,*
réplica intuitiva de cognición.

Te esperan palos y piedras
antes de que moldees la belleza,
pero lo harás.
Toda mujer lo consigue.

Traba cada enredo con los órganos,
en lazos,
a su propia santidad
y los engalana como triunfos,
hojas de laurel y rosas.

Lo torcido es un hábito
arancelario y contributivo
del que te despojarás
en el júbilo de la vejez
para retomar el alarido natal
y renombrarte en sonido articulado,
música y credo universal.

3

Madre de los infinitos espacios,
ubre amamantadora de estrellas,
punto iniciático de energía,
yergue tu cabeza ante el pergamino
largo y arrugado de manoseado
que pretende un límite desmesurado
en tus naturales cánones de diosa.

Tú, en tu bendito albedrío, arqueas
las formaciones moleculares de la materia,
a tu imagen y semejanza,
pues curvas son tus caderas
y curvo el pecho que alimenta,
curvos tus labios rojos y tu vientre,
aforo replicante del eco de la cúpula.

Tú, que también eres Minerva,
llámate bosque y cielo,
clámate mar y arena.
No asumas falsas leyendas,
no fustigues tu belleza.
Permite adornarte con árboles y corales,
que en el origen está tu sello y tu huella,
como yang, madre de estrellas.

4

La mujer danza en posturas amantes,
funambulista sobre el horizonte
cuando arden llamas de atardecer
en el decorado del mar dramático
de los veranos sin sueño
y cuando la neblina reposa queda
en una balsa de olas tímidas
en los inviernos húmedos.

La mujer danza las estaciones
desde sus propias hormonas
en un catálogo emocional selectivo.

No hay vendaval, aguacero o tempestad
que no resuene en los femeniles órganos
con un ritmo febril y sensual,
y se torne música de tenue piel
a la venerada naturaleza
sin ambición, con consciencia,
cósmica y ancestral,
de su uterino compás.

5

No se creó la vida partiendo de 1 y 0.
Eso llegó bastante tarde, tan tarde y tan inútil
como una gota de agua en un bosque en llamas.

Fue la unión multicelular, la gestación posterior,
el oxígeno y el hidrógeno.
Fue una causalidad del caos,
una acción universal sin humanos,
una jugada molecular de billares.

La *matrix* no creó una fibra óptica, bastardos.
Veneradla, arrodillaos, esconded vuestros rostros
destructores y vuestras torpes manos.
A ella, origen y creación, le debéis todo.
Y ella no es una pantalla, ni un comando,
ni un algoritmo.
Ella es la teta cósmica, el útero infinito,
la ondulación por excelencia de la energía,
la que dio a la luz su velocidad
y el sentido de su energía.

Y ni Einstein lo entendió.

6

No hay bondad sincera
que no reciba una respuesta perversa,
una mentira atornillada a rosca,
bien fijada a taladro,
un menoscabo de la entereza,
una vampiresca mordida que busca tu anemia,
tu anorexia, tu bulimia, el estrago del alma.

Una sonrisa abierta, un pie bien plantado,
una voz dulce atrae a los supremos
indigentes de ánimo, seres de tinieblas,
cuervos hambrientos de carne fresca,
gente confusa y escasa de valores honestos
justificados en la modernidad artificial.

00101 lo serás tú.
Yo soy materia universal sin maldad.
No responderé a una agresión,
pues mi reino no es de este mundo
ni de las máquinas malditas, babélicas
y de lógica matemática.
Seis sentidos y siete dimensiones son el camino,
posibilidades para actuar mejor,
pues no somos perfectos.

Y ahí arraiga la propia evolución:
errar y reiniciarse en un otro ser,
cuyos actos superen el que antes fuiste.

7

Se desploman las antenas
deshidratadas de señales,
en el cuero el reflejo enfermizo
de funciones erráticas.
Como es dentro es fuera.
Sucede cuando ondea una realidad malparida
con forma de látigo
y te rodean seres deformados sociales.
Hay quien lo llama justicia.
Los vocablos deberían tener una raíz imitativa.
Así, lo justo sería pronunciado
como un grito de dolor.
Detrás de un vencedor se retuerce un vencido
y el juego no era limpio
—casi nunca lo es—.
Tampoco libramos batallas propias.
Son herencias y creencias,
imposiciones irónicas de los hombres
y sus árboles genealógicos que crecen
—como es arriba es abajo—,
dejando un enredo cósmico a nuestros pies.

Una se queda sentada sobre esa red neuronal,
a la sombra de sus ramas,
quieta y callada, despierta hasta el alba,
vestida con la carga genética

y el equilibrio de las utopías,
tan falso, tan ficticio, tan nihilista,
dejando que el tiempo
transforme la materia
en deshecho orgánico
y libere el espíritu de sincronías.

8

Que el aire de la boca de un colérico Eolo
te sobrevuele los límites de la lozanía,
y las ojivas en arco de la sonrisa
no aniquilen el renacimiento
de la fuerza de una mujer.

La dolencia, el quebranto y el daño
resbalan en ríos plácidos por el cabello
hacia las cloacas de Neptuno.

Con cada inmersión aumenta el ánimo
y el poder orgánico hacia las rosetas de su cara,
hacia el brillo del iris de color intenso.

Cada intento de sumisión enfermiza
es un motivo mayor de escalada activa.

Y todo por amor, su esencia pura,
creadora de vida en ella y hacia su hábitat,
naturaleza implicada con la tierra,
madre de la feminidad.

LA MUJER ADULTA

1

Te percibo en un despertar de ojos tímidos a la luz,
en un cabello desordenado,
con un lánguido mechón al lateral de tu frente,
en unos labios calientes aún adormilados,
en la dureza milenaria de tu cuerpo
rebosante y serena.
¿Cómo olvidar esa imagen que tan cerca estuvo
de este corazón abierto en canal
y quedó impresa en sangre roja y pura?
Tatuada en mis venas se mantiene:
un brazo sujeta con amor mi espalda,
otro descansa en mi cintura quieta.

2

Hilo rojo que recorres mi geografía,
lazo cazador,
enredas mi lengua prófuga,
el silbo del aire entre dientes,
el anhelo nacido en las entrañas
y que surte fontana al pecho,
la cintura esperanzada
a medida de sus fuertes manos,
la tímida o rebelde voz
en su desnivel desde lo lírico
al grito del caos,
los pies en huida pretenciosa,
cuyos pasos suspendes.
Me recorres y transformas,
espolvoreas al aire
la figura pétrea del amanecer,
me depositas esparcida en enésimas motitas
sobre una primavera vacilante
que por inercia temporal
explosiona en latitud norte
y la alcanzo omnipresente
en agua, en fuego, en tierra,
a sus sentidos llegada para quedarme.

3

El niño que en ti habita
es el que buscaba
en las horas de juego de un parvulario
la mano que faltaba en la de la niña
que en mí vive
para coger cualquier camino,
solo por ver más allá,
la vibración del sonido
que expele la lealtad,
el espejo de la nobleza
cuando miras a interior,
el rompeolas de la risa,
el bosque atravesado a pie,
el pan con chocolate
y las noches de verano despierta.

No sabía tu nombre,
mas mi llanto al nacer te nombraba.

Una ancestral y legendaria sangre
te reconoció en el aire.

4

Basta la palabra intencionada y cotidiana,
el recurso imaginativo y espontáneo.
Basta la proximidad en variados estados
—vaporosa, líquida, rocosa o brisa—.
Basta el anhelo replicado en asonancia
de almas con auras blancas y verdades
para respirar a pleno pulmón
con el pecho abierto,
alzar las lindes de la sonrisa
y ampliar el centelleo de la mirada
en un renacimiento armónico
y agradecido de la vida.

5

El espejo es un traidor.
Lánzale tu zapato de tacón
al centro,
hazlo astillas.

La ruina para el que delimite.

Y tú, a la preciosa risa
de labios libres de pecado,
al pecho sin corsé
de vaivén desordenado,
a las piernas redondas
de bailes desparejados.

Eres Eva desde siempre.
Desde siempre sintiente,
creadora, no legendaria;
de energía trascendente;
intocable y adorable
por los ojos de los hombres,
por las venas de la sangre,
por las ramas que te crecen,
nudos, hojas, flores,
el Edén que te pervive y pervierte.

6

Añoro
el perfecto pespunte en el encaje de tu beso
que borda una comisura elevada
hacia el firmamento constelado,
encendido y lunático.

Añoro
la huella de la dentellada vandálica,
ese dolor remanente,
poso adivinatorio de un anhelo furtivo;
Un robo del decoro y la honra
con las puertas abiertas.

Añoro
el lado asalvajado y penitente
que despiertas en mi cuerpo,
cuando embrionario duerme
y lo meces y reviertes.

7

Intuyo lo que te desborda e ilumina,
porque es lo que emano y me derrama.

Un desmedido cañón de luz
arde torácico,
de un alto voltaje desmesurado, sin control,
diseminado en cada rincón corporal.

Una fontana de energía que doblega voluntades
y transmuta toda reticencia
en la más hambrienta entrega,
a borbotones la miel de la ternura,
surtidor de gozo suprasensorial,
adictos a la muerte y resurrección,
a una vibración, una melodía excitante,
al sagrado afecto que nos profesamos,
unidos, aliados, yuxtapuestos,
hasta la extenuación y más allá.

8

¡Qué oscilación del ánimo provocas!
Me sirven unas pocas palabras,
una corta y simple oración esencial,
como lo es tu verbo conciso, expreso,
reflejo de una mirada directa y líquida,
pues, pese a la tierra que ambos somos
y en la que tan bien rodamos,
emerge un manantial de pureza húmeda
y cristalina de esos ojos nobles
donde renombrarme eternas veces
sin renunciarme.

Me bastan los fonemas que esbozan un beso.
Me hilvanan los rotos del pasado arqueado en venas
como ramas de árbol de vida llenos de savia.
Me abunda de gozo y traza la silueta más perfecta
de mi cuerpo en belleza ignota e inusitada.

Me es suficiente la constancia de tu presencia,
sea cual fuere el lugar que mores,
pues es ley la sentencia que articulas: «Estoy, estás».
Nos hallamos en un siempre indeleble y permanente:
poderosos, creativos, conectados y amantes.

9

¿Cómo encajar esta movida universal
en una tarde de domingo?
No hay cuadrante para el infinito.

La revolución de la sangre desfila en una sinfonía
orquestada sin control.
Más allá de ella, cualquier órgano es un siervo
leal, complaciente,
que espera la ejecución de danzas cordiales,
desafíos a la constante del espacio,
vaivenes retando la gravedad.

Y sucede así, contra todo pronóstico,
ley física o gravamen de razón,
contra calendarios de hojas caducas
y horarios desatando ansiedades.

Nada importa, salvo la quietud
que oscila al borde de una boca dolorida
tras haber enmudecido con tu ausencia.

10

Qué tan cierto es saber que la verdad libera.
Y te subo la apuesta con esta aureolada sonrisa,
fruto dulce y carnoso del confort,
con las soledades glorificadas y expandidas
donde se esquivan los tiempos y los espacios.

Te llevo prendido en la conjunción coordinativa
del recuerdo anímico y químico
a ritmo de pálpito en la boca,
a golpe de suspiros paliativos,
a tiro de fundición.

Qué tan rebelde causa eres
que me devana el sexo y la intención,
que me orienta a sur y norte
el corazón desbocado y voraz,
satélite partido en dos fracciones de luna:
una vigila la marea baja de tu sueño,
la otra enloquece ante el levante en la alborada;
una ilumina tu silueta pétrea dormida,
otra recarga balas de orgasmos al despertar.

11

Mapa físico de océanos y mares, mi cuerpo
donde navegas en la calma y la tormenta.
Tierra árida y primavera de verde musgo,
ramas despobladas o surtido floral,
materia estacional que vives y despojas
sea con heladas o sea con calores extremos.

El balance o el límite no te impide el trayecto.
Me caminas, me paseas, me recorres sin esfuerzo,
dejando una sensación de sutil cálida caricia
y un memorándum que anula otros recuerdos.

Como anulado queda el tiempo
en el otoño de tus ojos,
y son los amaneceres y los atardeceres castaños,
una nobleza que brota y se expande en mi paisaje,
los que se asientan en los márgenes
rocosos del pensamiento.

Soy ocre, pardo, cobrizo, una gama tonal de arcilla
en tus manos sobre un torno girada.
Me has dado una forma y un fondo decorados
con una maestría alfarera asombrosa e impecable.

No de tu costilla, sino de una eventual confluencia,
como ley de átomos, que no es casuística,
has convertido a la obstinada niña perpleja
en una mujer amante, orgullosa y libérrima.

12

Posada en la lengua una desazón dulce,
una ansiedad danzante, un latido voluptuoso
como bermejo muro de contención de la voz,
la que pretende muda una llamada urgente
que llegue a tu pecho e impulse golpe a golpe
una primitiva atención, una alerta interna
de llenar tus manos de seda y cuerpo,
de boca y licor almibarado,
de aromas frutales y sándalo
hasta el amante desborde más salvaje.

13

¡Quiero a este día tanto…!
Oigo la pulsación del agua
en la proximidad inmediata;
enuncia una caída gravitatoria necesaria
y un derrame de acciones vertidas,
una siembra de semillas internas
que laten vida.
Veo un cielo cuajado,
gestante a punto de alumbrar;
diserta sobre el enigma oculto del astro,
del centelleo invisible
que, pese a la ceguera limitante,
traspasa la piel, mengua las pupilas,
alimenta el ánimo…
Siento un manso viento en las inquietas ramas,
a veces aire en el que viajan cantos de aves;
araña el silencio, busca una abertura de evasión,
una válvula de escape de amarguras ineficaces
y abre espacio a una mudanza del afecto.
Amo el hoy, pues tú continúas sin remisión en él;
y he abierto el hogar a la lluvia, al sol y al viento,
al azahar, al jazmín, al romero,
al discurso natural, el auténtico,
el que trae tu esencia,
fuera de lo social, laboral o siquiera humano,
y se instala generosa
en todas las estancias de esta casa.

14

Si la luna se quiebra,
me rompo la camisa,
arrojo la coraza
y alzo en alas un corrido,
un aliento, un alarido.
Más pálida que ella mi cara,
pero de roja sangre caliente
acuden mis venas
a abrazarla.

Tú, mi luna y mi sueño.
De escarbar vengo la tierra,
por si tu cráneo, por si tu boca,
por si los besos.

15

Un alveolo en depresión
resuena en ecos la lejanía punzante,
incisiva, penetrante, pulsátil,
hasta las sienes corroídas
de tanto pensarte desde el miedo alarmante
de que, después de toda esta casuística encadenada,
solo sirva para que la instintiva idea
germine en monolito histórico.

Don't think twice… it's alright.

MADUREZ

1

Tienes un arma de doble filo
sujeta a tus hormonas.
La empatía no crea guerras,
no deja cadáveres ni destruye hogares;
sin embargo, sostiene tus pies
encadenados a una gravedad insana:
la bondad que vuelcas siempre
es en beneficio ajeno
y, aunque pienses que es lo justo y adecuado,
no hay juicio ecuánime cuando te abandonas.

Lo sabes, mujer, lo sé.

Conoces bien los nidos vacíos,
los desplantes, las silenciosas respuestas.
Sobrevives en la expectativa de la costumbre,
como si el hábito fuera una ley eterna.
Hasta que un día tomas conciencia
de haber acumulado tanto amor
y no hay ser a quien regalar
o no hay quien desee recibir,
mientras continúas sin revertirlo
ni lo presumes siquiera.
Ahí comienza la hondonada
de miradas perdidas y olvidos.
Pasas inadvertida para la vida

en acuosos ojos y ajadas manos,
manteniendo un diálogo interno con la muerte.

Debemos asumir que nos han enseñado mal
el principio de la balanza.
No dar tanto desde la infancia
y reservar al menos la mitad
para cuando todos se vayan sin adioses
y no te quedes con ese vacío en el regazo.

2

Tu venganza se asienta en un abandono,
un soslayo a la belleza, al cuidado, al ser.
Nada te es gratuito, ni nacer, ni estar,
sí una lucha continua en la calle, en la familia.
Una alarma vigilante se cierne en sombra
desde tu niñez: los modales, la pulcritud,
el silencio y la garganta abierta.
La pose adecuada, el perfume,
la boca roja y la cara sonrosada.
Apariencia camuflada como el dolor,
sin estridencias.

Un día bajas de tu cama
y revientas la prudente normativa
ante y bajo la mirada perdida
que elude horizontes.
Ya no buscas flores en los vestidos,
permites que el tiempo rasgue la tez, el cuerpo.
Entumecido el abrazo, sin oquedad para otros.
Te niegas a voluntad el derecho de la vida,
porque nunca fue tuya.
Todos habían dicho y tú tragaste.
La vendetta te posee, no como suponen,
sales de la manada y la quietud es tu rebelión,
la renuncia al esquema que te oprime,
la empatía amputada
y la caverna cerrada a cal y canto.

3

Quien no ha visto una sirena nadar en lodo
no sabe de mujeres.
No nos identifica la sonrisa perfecta,
el peinado firme, el vestido vaporoso.

Como palo mayor de un velero,
nos quiebra un mal levante
y naufraga todo aquel que a él se aferre.
Pero capitán, oh, mi capitán,
si tú abandonas primero,
anegaremos nuestras estancias,
bordas rasantes en la gran ola,
recogeremos ancla y a la deriva iremos,
a la deriva concluyente y letal.

4

Al igual que la cuenca taciturna del valle,
hay un trazo violáceo en torno a los ojos
atolondrados, extraviados y dolidos.

Una nada inapetente cruzó la mañana
y, vertida en el café, cayó garganta abajo
como río de barro difícil de tragar,
desbordándose en un pardo tapiz
que ahora cubre arterias y órganos.
Una decoración acorde a las secuelas de una guerra.

La estéril y minúscula lluvia, cobarde y avara,
no alcanza para purificar tanto seco amarillento.
En eso también hay un reflejo desértico,
airado y expectante en los huesos.

Con el alma hueca.
Un mediodía avanza
gris de melancolía
hacia las cenizas.

5

Amanece una acción delirante de listar el tiempo
y convertirlo en un quehacer enajenado continuo
que dispense un sentido ocupacional y productivo
a la vida, como si no lo tuviera contenido en sí.

Ajeno al movimiento
de los millones de microorganismos,
moradores entre los contornos de la piel,
los del entorno más cercano —flores y asfalto—
y los universales, del que somos materia vertebrada,
ese afán se manifiesta con ahínco robótico
cuando no se discierne, no baila la consciencia.

Alienados pensamientos horizontales
aprendidos en la infancia
engrasan las articulaciones para la tarea imparable:
«Una buena mujer tiene limpia su casa y su cuerpo».
Y aunque no es no, estamos para recibir,
nos abrimos en canal, adornamos el nido
y preparamos viandas en un no parar
de matar emociones.
Mujer erigida contra natura.
¡Basta!

Tú, que eres hormona, llanto, vendaval y sangre,
no metas en cuadraturas tus redondeces.
Sírvete a ti misma hasta la muerte.

6

Arterias congeladas como estalactitas colgantes
en un cuerpo cavernoso
donde se filtra un frío que paraliza
la mirada asustada, la sonrisa aterida,
la piel espasmódica.
Ha nevado profusamente en un metro cuadrado,
en plena floración primaveral,
justo donde dejaste tu contorno
y tu aliento en un vaivén fugaz,
donde antes todo era incendio púrpura,
yemas férvidas y vehemencia.
Ha vuelto el letargo
de una hibernación cruel y consentida,
Saturno sepultado y abatido
por icebergs de llanto contenido
en un abril que corona de flores
las ventanas y los vidrios.

Conozco bien esa estación.
Vago en ese tren de por vida
en un ártico viaje elíptico.
Tiene los mismos grados que el universo
y la gravedad es cero.
Allí nacen los poemas, en una gota de hielo,
los mismos que esperan la incineración
con tu desmedido fuego.

7

El viento en su turbulencia
arquea las altas plantas,
las ramas de los árboles,
reseca el lacrimal
hasta que el ojo llora sin causa.

El silencio, esa ausencia de trasiego
y motor que permite revelar
una muchedumbre de pensamientos
a todo volumen en el cráneo
sin orden melódico ni sentido apalabrado.

El estado sincrónico del verano,
cuyos grados ralentizan la acción
y nos dejan inmóviles,
apenas un impulso en el pecho,
símbolo de la necesidad de oxígeno.

Todos ellos confabulados
en este atardecer maltrecho,
sin ánimo, naranja e insensible,
que impide una lascivia
que te abra el corazón en canal,
en esta ausencia que duele tanto
y te hace cerrar los ojos,
porque tras los párpados

hallas un álbum de instantes
a los que te aferras
para acordar un motivo
por el que amanecer mañana
otra vez
con el viento, el silencio y el verano
apagando tu vida.

8

Señora de la melancolía,
de los enormes desiertos desolados
y de los campos sedientos de cielo.

Señora del antónimo de murmullo,
de la mudez y de los gritos ahogados.

Señora doña de los mares muertos
reconvertidos en lagos salados
y de la inexistencia de vida
en su fondo abisal.

Muy señora doña de la autoestima
que vegeta en la suela del zapato
y pisa fuerte
un infligido dolor en sus pasos.

Señora del continuo rastreo de amor
donde la nada se nutre del propio.

Señora del vacío, del apenas, del caos.

9

Bajo las tres hojas de un trébol sin fortuna
me siento a respirar agua, mimetizada,
oyendo los alaridos óseos quebrarse
en rítmicas dudas azules que viajan veloces
por el cráneo humeante, carro de hierro.

La mujer vive en una continua metamorfosis
veinticuatro horas al día.
Ya no está quien despertó a las siete de la madrugada.
Y me soy ajena, extranjera y bárbara
donde creía un íntegro conocimiento
encadenado a un familiar pasado nebuloso,
el que se reitera en heterogéneos sueños
del cuerpo inmolado en una asidua muerte.

Así, recién nacida, vuelve el llanto nuevo
a depurar tanta sal de angustias,
tanta lípido de extremos silencios,
tanto residuo devastador de ansiedades,
tanto frío de abrazos quiméricos.

Bajo un trébol corren lágrimas
de penitencia inagotable
hacia los canales de lluvia abiertos en tierra.

10

Buscamos un café para la tertulia de sobremesa.
Cada una pidió algo distinto.
Pensé que determinadas elecciones
son indicativas de la personalidad.
Yo, como siempre, solo y doble.
Una de nosotras contó un accidente sufrido
por el cual le amputaron un trozo de dedo.
Al instante, todas mirábamos nuestras manos,
no por temor a vernos en esa circunstancia.
Todas mirábamos nuestras manos
sin un solo pensamiento pragmático.
Alguien dijo que se le rompían las uñas a menudo.
Solo en verano usaba una laca permanente
que las protegía. «Ya sabéis, el trabajo».
Otra se lamentaba de no haberlas tenido nunca bonitas
y era uno de sus grandes deseos.
Otra manifestó una entrega total a la resignación.
Todas mirábamos nuestras manos.
Autojuzgadas culpables con esa mortificación
que, tras el comentario, te hace esconder las manos
con cierta vergüenza, con el prejuicio bien encajado.
Todas mirábamos nuestras manos
pensando que eran feas.
Ninguna alabó la utilidad.
Ninguna advirtió el uso abusivo de tareas impuestas
sobre ellas.
Ninguna habló del arte que emana de su quehacer.
Ni yo tampoco.

11

55

Casi diluido entre los dedos marcha mayo,
albo de hechos, pétalos murientes sus días
sobre el acelerado calendario que, ágil,
sobrevuela un verano.
Deja una nebulosa visión de la nada sucedida,
pues también crea recuerdos tristes y vacíos.
Un mínimo aspaviento de manos lo confirma,
se abraza un crujido en el aire,
se besa un hielo resquebrajado
y se evapora por los poros el ardor.
Ahora son ofrendas al sol.
Mañana lo serán al cielo hierático.
Gotearán los meses por las manos.

12

Pienso en el plano espacio-tiempo
donde el olvido socava la memoria
y un extraño bienestar se asienta
en la ausencia de turbulencia emocional,
la que lideraba los años de adolescencia.
Mar en calma, sin estridencias,
y amaneceres con niebla.

Me sobra sociedad.
Caen las máscaras de cuaresma
y se amontona lo inservible.
Debo reciclar, tirar lo inútil,
limpiar mi cara con el rocío,
cuidar las manos de gestos.

Aunque no sea necesaria
para los giros del planeta,
las piezas de mi cuerpo
lo son en mi engranaje,
en el movimiento más pausado,
más vívido, más nítido,
que camina consciente de un final.

No hay presente en los insomnios,
solo actuaciones de fantasmas
en los intermedios oníricos

que en nada alteran este estado
cada vez más conectado al universo:
las crecidas de la luna,
la visión de las estrellas,
la música, vibración interestelar,
al ruido superpuesta,
el amor en paz,
todo en una rebelde inercia
mucho más acorde a un animal.

13

Entré en la amanecida desorientada,
de espaldas, revuelta en el rechazo
en un arrastre de pasos hacia el café.
Conforme la luz invadía la estancia,
más monstruosa era mi esencia de loba.

Al borde del mordisco al mundo, airada,
sumida en una terrible clausura
con barrotes de titanio
y quebrados los dientes contra ellos.
Pasmosa la imagen del espejo
con los ojos huidos y mortal el semblante,
rompió un afluente desbordado,
anegándolo desde la migraña atornillada
al colapso de palabras.

Lengua con nudos marineros sujeta a un ancla.

Un pensamiento fijo: morir o matar,
y opté por ser la asesina a sueldo.

Ante la dureza de la vida,
sus escarnios y azotes,
ese viento arenoso que araña la piel,
la electricidad de ciertos seres
que en la cercanía electrocutan

sin remisión ni silla,
a cielo abierto, sin esponja húmeda,
tan solo un jarro de agua fría al rostro
para que la corriente calcine
cualquier rastro de savia,
abrí la puerta con las garras dispuestas
en gesto agresivo y defensivo,
de tal forma que verifiqué la cobardía,
las dobleces de espalda
y las miradas vueltas
en señal de sometimiento.

Crucé la jungla como real cánido
en los pasillos abiertos
y recuperé lo que era mío por derecho.
La vuelta venía ornamentada
por el arco elevado en los labios
y unas profundas huellas en la tierra,
lo merecido tras la batalla
que volvió a estallar esta nueva madrugada,
aunque hoy no haya disfraz ni prólogo,
porque ahora sé el límite que impone un aullido
y el respeto que producen unos colmillos,
como también que la guerra continúa.

14

El oleaje del tiempo
erosiona esta paciencia rocosa
en cóncavas formas de desgaste.
El ojo hundido, el vientre como una cueva,
la curva profunda del pecho.
Agua de horas expandidas que se ceba
en las hendiduras de la debilidad
y moldea y esculpe una serranía con nueva silueta.
Cascada, manantial,
creadores de estrías por donde fluir.
Dejan un cuerpo divergente, extraño, peculiar
y consecuente a su muestra desnuda a la intemperie.
¡Qué inédito perfil delinea la luz amanecida!
Una derivada alineación corporal,
cuya sabiduría contiene la mirada electa
que se posará en ella un cercano futuro.
Gira el mundo y la visión es otra,
otro el paisaje, otro el latido y su causa.

15

Ella supone un aprendizaje hipotético,
de esos que se resuelven en una próxima conexión.
Sea quizás o no sea, ella es una desconocida
para sí misma, los demás y para él,
que no recuerda la piel de seda,
que no admite una lección de amor real,
cuya magia levita en los contactos
y se le anuda la lengua con la palabra perdón.

Valentía no contiene huida.
Lealtad significa ayuda.
¿Dónde están?

Aunque ahora la niebla se disuelve,
el cuerpo se defiende con sudor de los fuegos,
la pisada es cautelosa pero contundente
y aún la benevolencia del frío cae en las noches,
los lazos, los hilos rojos se han soltado.
Y eso es paz.
Una brisa libertaria pinta de blanco el latido,
lo serena, lo absuelve de culpas
y oscilan suaves en corrientes rizadas del océano,
helados ríos subacuáticos de poniente.

La única espera es al rayo de sol caliente
que conforte,
que broncee,
que lama la dermis
mientras se disipa el pensamiento.

16

Ella, una inexorable empática en persecución
del Santo Grial desde la infancia.
Él, una mente psicorígida, un diablo,
el divino masculino distorsionado.

Desde la epifanía al epitafio
surgió el nosotros en la carencia emocional,
tierra amarga y estéril,
páramo desolado e infecundo.
Una ilusoria cosecha de dulce licor,
copas vacías de amor líquido
derramado en otros parajes
que desertizaron las bocas
y helaron los alientos bajo el sol.

Fue un ciclo kármico tan doliente,
con un presente proyectado en un huero futuro,
cuyas columnas, convertidas en arena,
se amontonaban en engaños
sin orillas de sal ni vaivén de mar.

Sin embargo, todo está bien.
Así debió ser.
Ahora, entre la distancia y el silencio,
se abren binarios caminos de sanación,
que nunca confluirán,

hacia otro nivel de entendimiento,
otra visión de corazones rotos y renacidos,
sin odio ni rencor
como leones en plena supervivencia,
con un hambre voraz y otro duelo añadido
tras la sequía y la traición.

17

Que no me toque hombre alguno,
ni su espíritu, ni su sombra, ni su silueta.
Que no me toquen religiones,
ni éticas rancias,
porque cada arruga ha sido una tortura,
una grieta en tierra abatida
de dolor universal
y sangrado cósmico.

Que la náusea sea embolsada
junto al vértigo
y reposen en los vertederos de basura
y se quemen para siempre.
Cenizas de consecuencias
a las cenizas de lo inservible.

No más crucifixiones.
Basta de mentiras.
¡Alto al daño!

No hay necesidad de amor
si es un combate a corazón abierto,
un juego sucio, una ruleta rusa,
un viaje a los infiernos.

Dejadme en mi oscura calma reclinar
esta cabeza de pozos secos,
en el desahogo de un duelo eterno
que expía mi propia alma.

18

Este atardecer incendiado de pájaros afónicos
quema pesares quejumbrosos
que arrugan los sentidos, discordantes, inarmónicos.
Y me incinera a distancia y en silencio
—la mudez y el espacio matan—
desde un sonido apagado,
onda vibracional yerta.
Que antes era música, lo sabía.
No imaginaba este desdén recíproco, sin embargo.
Entiendo la causa
y respondo con el mismo trato:
al menosprecio, calabazas indiferentes
—el naranja me seduce, resucita—.
Claro que después de haber muerto mil veces.

19

Hondo pozo seco el ojo
de minerales escaso
y un surco rojo en el contorno,
vela encendida en la faz.

Serio ademán diurno
en los contraídos labios,
rejas al diálogo impuestas
por un delicado albedrío
converso en una siniestra mueca
iniciática del grito
que se revela en el sueño inquieto:
gesto surreal-baba colgante-
mirada inversa-drama y desvarío.

Ni descanso ni blanca bandera.
No hablo de rendición.

Una mujer nunca se rinde,
porque no inicia batalla,
tan solo rehúsa un conflicto
y tras decorar una nueva cicatriz
regalada,
elige el vestido más bonito
para celebrar con las arrugas de la tierra
la vida prolongada

en las electas flores
que adornarán su pelo
cuando vengan a buscarla
y tenga que esbozar
un rotundo «no».

20

Ha pasado tanto tiempo,
tanta palabra engarzada
a diamantes de expresión,
tanta lluvia intranscendente
y obstinada en la memoria,
tantas lunas perdidas en soledad

sin influjo de mareas,
tanto piar de amaneceres
disuelto en el viento
que hostiga los tallos.

Ha pasado un invierno
y una primavera donde mudaron
las antiguas creencias
y, en su lugar, emergió
una nueva perspectiva
con distinta sombra,
tan ignota que la imagen
resulta inverosímil, extraña e insólita
allá donde pose un reflejo
o donde el espejo reitere sus formas.

Tanto tiempo y espacio
abriendo en canal un desfiladero
por el que nace otra vida,

otro horizonte, otro cielo
que podrían ser los besos extraños
o los abrazos ajenos.

Dar grosor al tiempo
permite crecer los miedos
de no reconocer
lo que fue hábito del pasado
y ampliar los temores
de confirmar que ya no,
que puede haberse apagado
el cautivador incendio
que un día creímos inextinguible
y regalo de Hefesto,
o aceptar la más pura orgía de sentimientos
dándonos de hostias por nuestros hechos.

21

La dilación de los hechos es una muralla maciza,
cuyo adobe resiste embates de supervivencia
y nos deja una paleta de respuestas obstinadas.
Perseverar para socavarlo,
cuando las probabilidades son mínimas,
es un acto heroico o absurdo,
cada cual lo vea a placer
desde la cobardía o la valentía,
desde la practicidad o la quimera.

Prefiero tocar fondo, ser fénix, quemarme,
entender que la opciones se agotan
y bailar un tango con la demencia libertaria,
porque hay vida nueva tras la nada impuesta,
porque no se resucita si no has muerto.

22

La intuición, mi altanera intuición,
los hechos y los credos
me están cegando la primavera,
otra estación más en blanco y negro,
que, aunque tenga un referente fílmico
a lo Bogart y Bacall,
siempre posee finales inconclusos
que me llevarán de nuevo
a saltar terriblemente otro año
exánime, espectro, fluido incorpóreo sin materia.

Cuando visto de negro riguroso y desaliñado,
no es luto, es anarquía emocional,
consecuencia primitiva de no recibir y enloquecer,
queriendo aniquilar el código
que me han insertado en la mente,
dándole patadas al terco corazón
y mezclando el llanto de un abecedario
con cascadas de sentencias
en un coctel molotov al que llamo poema.

Deja de tocar, Sam.
La música me estalla las arterias.
París nunca será mi ciudad
y, para torre, esta montaña
de despropósitos involuntarios,

moribundos, extenuados, exhaustos
de quiméricas expectativas bajo el sombrero
de ala ancha llena de flores como un verdial,
y un violín desafinado.

23

El invierno ha llegado a mi puerta.
Ha dejado una alfombra de agua
y me ha regalado un beso frío,
amoroso y húmedo.

Bienvenida, estación natal.
Renazco en lluvia amniótica
a tu helado aliento,
en una manta blanca que del monte baja
hacia las estancias que habito.

No hay más abrazo que el helado oxígeno
del que respiro el mismo amor permitido,
a solas aire y boca
evaporando el calor a los ciclos,
ahora abiertos como mina de cuarzo,
brillante solar terreno.

Renuevo esta vida revelada
en los íntimos secretos
con máscara de comedia
y un revés de drama.
De nuevo, piso la hierba mojada
donde antes olía a salitre y playa.

24

Las ánimas, la lluvia retenida,
el caos filtrado, un desorden crónico,
un miedo irracional, los insomnios
y las aterradoras imágenes del subconsciente,
todo pide paciencia cuando el sistema nervioso
funciona en extremos, extenuado, exhausto.
Máquina antigua oxidada.
Paciencia y fe, que no las encuentro,
que la experiencia subestimó, humilló y denigró
como ceniza a la ceniza
y ya no sé de calmas ni de sonrisas.
Un futuro extraordinario se insinúa
en la huida de las borrascas
y en los vuelos en picado de las gaviotas,
mientras arrugo el entrecejo
y se acentúa la mirada de águila.

Mea culpa vitae.
Desde la cuna al metro cuadrado gravitatorio
al que me sujeto
y a veces suelto y caigo,
pues no hay ascenso sin heridas
ni escalones sin esguinces.

Paciencia me piden
ante esta carcajada cadavérica,
ante estos huesos corroídos, dolosos
e inquisitoriales,
con la boca llena de tierra
y un ejército de gusanos en la esquina.

25

Las ganas, el esmero,
el afán que se mueve bajo la piel,
contra recias voluntades
o inflexiones reguladas de conducta,
enloquecen este corazón abatido
de tanto y tanto vaivén.

Las ganas de suspiro retenido,
de vuelo rasante sobre un cuerpo,
de convulsión desgarrada,
de arañar el destino y observar detrás.

El esmero involuntario de las vísceras
ebrias de ideales,
de las miradas perdidas atemporales
rastreadoras del más allá, levitando;
de las inquietas manos clandestinas,
encubiertas una sobre otra,
pues no hay más dermis, ni más rostro,
ni un milagroso tacto en el perímetro de los dedos.

El afán de los finales gloriosos
donde se efectúen los sueños,
donde se expanda el yo en el nosotros
como una santa compaña interna y eterna,
desbocada y ajena.

26

No somos iguales,
aunque mujeres nos nombren.
No parí, no me desvelé en las noches
por el llanto de un bebé.
No hice gratuito mi esfuerzo
en nombre del amor.
No cedí mis inquietudes
en pro de un marido.
No envejecí esperando inútilmente
un pequeño reconocimiento
al trabajo familiar, tan hogareño,
tan definitorio para ti.
No hice galletas.
No improvisé cumpleaños de vástagos.
Nunca esperé a la puerta de un colegio
el momento de salida.
Ni planché, cociné o limpié la casa familiar.
Porque no renuncié a lo que deseaba.
Sin embargo, no pongo en balanza la dignidad.
No cuestiono tus tendencias sexuales.
No comparo vidas como si fueran vestidos.
Mío es el valor de gestionarlo todo
sin más ayuda ni compañía.
Y me refiero a todo: soledad, depresión,
vaivén hormonal, comida, impuestos,
salud, dolores físicos y emocionales,

también mis propias alegrías,
las metas conseguidas
y saciar esta insondable curiosidad.
Una elección como una práctica de la libertad
por la que he luchado desde la infancia.

No me juzgues, si nunca te atreviste
a romper la cadena de normalidades,
pues lo que hay es lo que tú quieres que haya.

27

La cercanía se convirtió
en un horizonte penitente.
Las dimensiones se han multiplicado
hasta perder la cuenta.
No-hechos reproducidos en el recuerdo
se recrean multisémicos,
una y otra vez, con progresos diversos
y finales desiguales.
No-hechos que han tomado forma
y relevancia en estados febriles y algias,
en patologías cebándose
en las heridas vivas, tenaces,
en feroces imágenes nocturnas
sobre la nada oscura,
en un modo acelerado de metamorfosis:
piel y alma en una cadencia precipitada
de destierro voluntario de hastío.

Prevalece, sin embargo, el minucioso tallaje
de una colosal escultura,
un marmóreo ente nuevo elevado
y cultivado con un amor sin biyección,
un inmenso amor no proyectado,
dilatado en agua, extendido en llamas,
expandido en aire y crecido en tierra
como vetusto roble abierto en ramas;

un amor ilimitado
que no se reduce subjetivamente,
pues acrecienta su fervor anímico
donde no llegan los párpados cerrados,
donde se genera el cosmos
y fluyen manantiales de poemas.

28

Qué confuso permanece un pentagrama
en la memoria inarmónica
de una eterna migraña,
como oír el cortejo fúnebre de una banda
que sigue a un féretro balanceado
por negros corceles al trote,
mientras interpretan
la *Marcha nupcial* de Mendelssohn.

Qué retroceso espacio-temporal
al infierno del pasado,
como revivir la náusea que flota
tras un golpe de estado,
siendo espectadora única y directa
de vejaciones dignas de psicopatías
y rebelarse en un grito afónico
a arañazos y patadas
ante el coloso del mal.

Qué caprichos de la razón
produciendo monstruos al modo goyesco
grabados a fuego en un mapa neuronal
que no asienta ni en el sueño
aturdido en la respiración convulsa
ahíta de oxígeno y compás.
Razón subyugada a la idea,

pesada como una tonelada de losa,
de haber escogido el camino opuesto
al que tiene la primavera del cariño.

29

Si la voluntad fortaleciera
orientada cardinal;
si su riego estimulara
este obtuso cráneo
y estas tercas ramificaciones
de brazos afectos a la labor,
y estas pétreas piernas inquietas
tomaran otros rumbos,
un bosque, por ejemplo,
un litoral, una vereda de río,
habría un comportamiento sensato
de unión al planeta,
una intención de aceptar
el cordón umbilical,
una respiración pausada
y amante en el ámbito natural
que lenifique el pálpito demandante
y detenga la paroniria,
que me haga consciente
de por qué esta vida.

30

Órale a quien quieras,
no hay quien escuche
el lamento de tus vísceras.
Mantilla negra y velas encendidas
conectadas con el circuito corporal
a chispas eléctricas funcionando.

No me toques que electrocuto.
Sinapsis alternas en el cerebro
y desfibrilación en el corazón.
La energía que viene y va
en lágrimas carbonizadas.

Tanto fuego interior
para una combustión espontánea.
Abocada a un término absoluto:
cenizas negras en soledad
sobrevolando los muebles de casa
con las ventanas abiertas
por donde entra el huracán.

31

Todo huele a azahar
y me sabe la boca a sal de lágrima,
el subconsciente en la punta de la lengua
vomitado en su anarquía rebelde,
del revés la piel con el hormigueo de la sangre
envenenada e intolerante al cuerpo que riega.

Si me declaro la guerra abiertamente,
antes ya saltaron minas ocultas en las arterias,
un martirio óseo y articulatorio punzaba a maldad
y no era soportable la abstinencia.
Me lo repetía la alarma del sueño interrumpido,
las imágenes dantescas tras el pliegue
por segundos de los ojos
y la incisiva cefalea inmunizada e impertinente,
como mi voz de rendición y bandera blanca,
voz inoportuna, agotada, rota.

Cuando la regeneración es una utopía inalcanzable,
queda una capitulación ridícula en sí
—el idealismo bailó sobre el duelo—,
pues no se advierte la explosión de un prefacio,
de cenizas volátiles, el olor a quemado de la carne
antes de que sobrevuelen pájaros de acero
con proyectiles en sus entrañas.

32

Todos llevamos un diablo dentro.
Al mío lo maté de hambre y de sed.
Más de cuarenta días con sus noches
vagué por el desierto, desorientada.
Sin límites temporales, anduve erguida,
con los labios agrietados y la voz muda.
Ermitaña, cuya alma vieja ordenaba consciente
que ese era el entorno exacto,
ese era el camino,
una senda agreste y solitaria.
¿A qué las opiniones cuando tenía las respuestas?
Lo maté, le prohibí todo, malo o bueno.
Tuve que ser solo luz en el caos,
contemplar el esqueleto que soy,
despojado de artificio e influencias.

El suicidio, como el asesinato,
requiere de valentía, no de impulsividad:
eso es de débiles.

Ahora, recompuesta la carne,
expiada la culpa
y aceptada mi divina misión
—también todos la tenemos—,
podré apartar de mí tu cáliz,
la manipulación, los miedos y el engaño,

con la certeza de que el mal
no es más que un niño confuso y cabreado,
y que nada es eterno.

33

Tras la sequía estival quedó erosionada
desde una inmadura comparativa la identidad.
Mas polvo somos y barro y vasija.
También ave fénix y fuego.
Con la estrategia del albañil y la fuerza divina
recorrí como reina el tablero blanco y negro,
guardada de artificios y metralla
para gritar con la contundencia de la intuición cordial
un jaque mate al apego, al trauma y a la culpa.
No es mío el autosabotaje, ni el chantaje emocional.
Ya no.
Nací amor y me mantengo ante los encantamientos.
La magia debe ser blanca o inadmisible.
Ahora descansan los labios cargados de sabiduría
para transmitirla con dulzura
en los futuros besos,
que serán santo y seña y pacto eterno.

34

Cuando una mujer se corta el pelo,
ya ha pasado una guerra estelar,
otra mundial
y una era de glaciación.

Ha construido una fortaleza gótica,
ha labrado la tierra entera
y, después de un asalvajado descuido de sí misma,
ha fundado una nueva civilización.

Para ser la electa emperadora
ha escogido sus mejores galas,
renacida en más huellas de heridas,
en más arrugas tatuadas
en una piel más dura
y, por ende, más bella.

Pero tú ni te diste cuenta.

35

92

Quieres tapar con un dedo una supernova
que explotó hace ya tanto tiempo…
¿Te ciega este destello, cariño?

Nos separan tantas dimensiones,
tanto espacio,
el alfa y el omega desincronizados.
Jamás llegarás a tiempo.

Hay una inmensa luz,
unos labios con espinas
cruzando ondas celestiales,
un arcoíris enroscado en forma de dragón,
y también la nada.
Ni estoy en esa materia ni en ese lugar.
Ni rota ni muerta.
Este nuevo racimo de moléculas
que me conforma
destila vino dulce universal.
Transformada en otra energía
potente, veloz, expansiva,
en una difusión atómica
de amor abierto al éter
y a mi propia respiración.

Nunca vas a encontrarme.